BEI GRIN MACHT SICH IHR WISSEN BEZAHLT

- Wir veröffentlichen Ihre Hausarbeit, Bachelor- und Masterarbeit

- Ihr eigenes eBook und Buch - weltweit in allen wichtigen Shops

- Verdienen Sie an jedem Verkauf

Jetzt bei www.GRIN.com hochladen und kostenlos publizieren

Bibliografische Information der Deutschen Nationalbibliothek:

Die Deutsche Bibliothek verzeichnet diese Publikation in der Deutschen Nationalbibliografie; detaillierte bibliografische Daten sind im Internet über http://dnb.d-nb.de/ abrufbar.

Dieses Werk sowie alle darin enthaltenen einzelnen Beiträge und Abbildungen sind urheberrechtlich geschützt. Jede Verwertung, die nicht ausdrücklich vom Urheberrechtsschutz zugelassen ist, bedarf der vorherigen Zustimmung des Verlages. Das gilt insbesondere für Vervielfältigungen, Bearbeitungen, Übersetzungen, Mikroverfilmungen, Auswertungen durch Datenbanken und für die Einspeicherung und Verarbeitung in elektronische Systeme. Alle Rechte, auch die des auszugsweisen Nachdrucks, der fotomechanischen Wiedergabe (einschließlich Mikrokopie) sowie der Auswertung durch Datenbanken oder ähnliche Einrichtungen, vorbehalten.

Impressum:

Copyright © 2019 GRIN Verlag
Druck und Bindung: Books on Demand GmbH, Norderstedt Germany
ISBN: 9783668960992

Dieses Buch bei GRIN:

https://www.grin.com/document/471258

Christine Mitsch

Smart Home Systeme und ihre grafische Visualisierung

Eine medieninformatische Untersuchung

GRIN Verlag

GRIN - Your knowledge has value

Der GRIN Verlag publiziert seit 1998 wissenschaftliche Arbeiten von Studenten, Hochschullehrern und anderen Akademikern als eBook und gedrucktes Buch. Die Verlagswebsite www.grin.com ist die ideale Plattform zur Veröffentlichung von Hausarbeiten, Abschlussarbeiten, wissenschaftlichen Aufsätzen, Dissertationen und Fachbüchern.

Besuchen Sie uns im Internet:

http://www.grin.com/

http://www.facebook.com/grincom

http://www.twitter.com/grin_com

Christine Mitsch

Grafische Visualisierung von Smart Home Systemen

Inhaltsverzeichnis

1. Einleitung 3
2. Stand der Technik 4
3. Visuelle Wahrnehmung von Räumlichkeiten 6
 3.1. Die räumliche Wahrnehmung des Menschen 7
 3.2. Monokulares und binokulares Sehen 8
4. Visualisierung von Räumlichkeiten im Smart Home Bereich 8
 4.1. Gestaltprinzipien 9
 4.2. Einsatz der Gestaltprinzipien im Smart Home 10
 4.3. Usability und User Experience 12
5. Möglichkeiten zur Visualisierung eines User Interfaces 13
 5.1. Schnittstelle Mensch-Maschine 14
 5.2. Stereodisplays 15
 5.3. Multimodalität mit Tangible User Interfaces 17
 5.4. Agenten 18
 5.5. Barrierefreiheit und Ambient Assisted Living 20
 5.6. Embedded Virtuality 21
6. Fazit und Ausblick 23
7. Literaturverzeichnis 25
8. Abbildungsverzeichnis 27

1. Einleitung

Das digitale Zeitalter schreitet unaufhörlich voran. Smarte Gegenstände bereichern unseren Alltag. Vom Wasserkocher über den Staubsauger bis zum Fernseher ergänzen smarte Funktionen bereits seit einigen Jahren unsere technischen Alltagsgegenstände. So ein intelligentes, vollvernetztes und -automatisches Zuhause erinnert stark an diverse Science-Fiction-Filme der 90er Jahre, in denen Captain Picard seinen berühmten „Tee, Earl Grey, heiß" bei dem sogenannten Replikator in seinem Bereitschaftsraum bestellt. Kommunikationen zwischen intelligenten Geräten, bzw. Robotern und Droiden aus der Star-Wars-Filmreihe gehören ebenfalls keiner fantastischen Zukunftsvision mehr an. Heute spielen Smartphones eine bedeutende Rolle, wenn sie mit nützlichen Apps bestückt werden. Geräte werden mittlerweile nicht mehr nur direkt manuell bedient, sondern können, wenn sie über das Internet of Things miteinander verbunden sind, untereinander und mit den Benutzern kommunizieren und zentral gesteuert werden. Ausgestattet durch intelligente Sensoren erledigen sie ihre Aufgaben effizient und vollautomatisch. Die Nutzer müssen nicht mehr selbst dafür sorgen, dass alles zur richtigen Zeit auf die richtige Art und Weise den Umständen und der Umgebung entsprechend funktioniert. Vielmehr sorgt das smarte Netzwerk dafür, die Benutzer von ihrer Verwaltungsaufgabe zu entlasten und versorgen sie stattdessen mit dem nötigen Wissen über alle Funktionalitäten. Der Komfort nimmt dadurch stark zu und bietet den Menschen die Möglichkeit, sich mehr auf Freizeit, Hobbies und ihre eigentlichen Interessen fokussieren zu können.

Diese Arbeit handelt allerdings weniger um den Nutzen solcher Smart-Home-Anwendungen, sondern soll die Möglichkeiten zur grafischen Umsetzung eines solchen Netzwerks von modernen und internetfähigen Geräten in einem Smart Home untersuchen. Dabei soll auf die Paradigmen der Wahrnehmungspsychologie und des User Interface Designs eingegangen werden. Welche Möglichkeiten bietet die grafische Visualisierung für ein benutzerfreundliches Interface? Wo sind ihre Grenzen und wie kann sie in unser alltägliches Leben integriert werden?

2. Stand der Technik

Um den aktuellen Stand der Technik in Sachen Smart Homes feststellen zu können, sollte zunächst der Begriff genauer definiert werden. Als **Smart Home** wird ein Netzwerk technischer Geräte und Funktionen innerhalb eines Wohnraums verstanden, um die Wohn- und Lebensqualität, die Sicherheit und die effiziente Energienutzung der Bewohner zu erhöhen. Zu diesen Geräten zählen Strom- und Lichtquellen, Heizung, Haushaltsgeräte, Unterhaltungssysteme und Sprachassistenten. Diese Geräte, auch **Smart Devices** genannt, besitzen verschiedene Eigenschaften wie Sensoren, Speicherfähigkeit und eine eigene Logik.

Den Durchbruch erlebten Smart Home Devices zu Beginn des 21. Jahrhunderts, als sie erschwinglicher, tatsächlich realisierbar und brauchbar für die Konsumenten wurden. Sind Smart Devices über das **Internet of Things** (IoT, Abbildung 1) vernetzt, können sie untereinander kommunizieren und zentral von überall aus gesteuert werden. Das IoT bezeichnet ein Gesamtsystem vernetzter, autonomer Geräte zur Ausführung bestimmter Funktionen und umfasst Anwendungsbereiche wie Haushaltsautomation, Medizin, Industrie, Smart Grid, Sensornetze, und noch mehr (Chew, 2018). Besonders in Sachen Sicherheit finden sich mittlerweile etliche smarte Geräte auf dem Markt. Laut Einbruch-Report der GDV scheitern 40% der Einbrüche in Deutschland an moderner Sicherheitstechnik (GDV, 2016). Dabei spielen beispielsweise automatische Schließsysteme, Jalousien oder Fingerabdruckleser eine wichtige Rolle. Tatsächlich steht nach einer Umfrage aus dem Jahr 2017 die Sicherheit an erster Stelle, wenn es darum geht, in Smart-Home-Lösungen zu investieren (Coqon, 2017). Ein weiterer wichtiger Punkt ist die Energieeinsparung durch intelligente Funktionen im Haushalt. Nach einer Studie nutzen bereits ganze 60% der Befragten Smart-Home-Anwendungen zur effizienten Energieversorgung und profitieren somit von den damit verbundenen niedrigeren Heiz- und Stromkosten (SPLENDID RESEARCH, 2017).

Abbildung 1: Internet of Things (Eigene Abbildung)

Einige Geräte, wie beispielsweise Sprachassistenten oder Haushaltsroboter werden meist mit **künstlicher Intelligenz** angereichert. Nach KI-Gründervater John McCarthy ist künstliche Intelligenz „die Wissenschaft und Technik, intelligente Maschinen, insbesondere Computerprogramme, zu bauen" (McCarthy, 2007) und diesen ein nahezu menschliches Verhalten zu geben, welches als intelligent aufgefasst werden kann. So können die Benutzer mittels natürlicher Sprache mit Geräten wie Alexa von Amazon, Apples Siri oder Google Home kommunizieren. Durch den Einsatz künstlicher Intelligenz in Form von komplexen **Machine Learning** Algorithmen begannen (semi-)autonome Serviceroboter ab 2010 damit, sich selbstständig neues Wissen anzueignen und Lösungen für neue Probleme zu errechnen. Im Smart Home wird der Begriff immer populärer, wo die Technik um die Mensch-Maschinen-Interaktion mittels natürlicher Sprache, Mimik und Gestik stetig weiterentwickelt und verbessert wird.

3. Visuelle Wahrnehmung von Räumlichkeiten

Ein Smart Home ist für gewöhnlich innerhalb einer geschlossenen Räumlichkeit, wie beispielsweise eines Zimmers, einer Wohnung oder eines Hauses, eingerichtet. Auch im Außenbereich des Wohnraums können Smart-Home-Devices und -Funktionen in Form von Briefkästen, Rasenrobotern oder Jalousien Anwendung finden. In diesem Abschnitt wird zunächst jedoch erläutert, wie Räumlichkeiten visuell wahrgenommen werden, um aufbauend auf dem erarbeiteten Wissen eine Ableitung für eine grafische Visualisierung von Smart-Home-Systemen zu evaluieren. Die räumliche Wahrnehmung ist essenziell für die Gestaltung eines Interfaces zur Interaktion mit dem Smart-Home-System, da damit ein inneres Modell gebildet wird, in welchem der Mensch zweckgerichtet agieren und ausführen kann. Später wird im Hinblick auf das in diesem Kapitel gebildete Vorwissen noch genauer auf Visualisierung in wirklichen und teilvirtuellen Räume eingegangen.

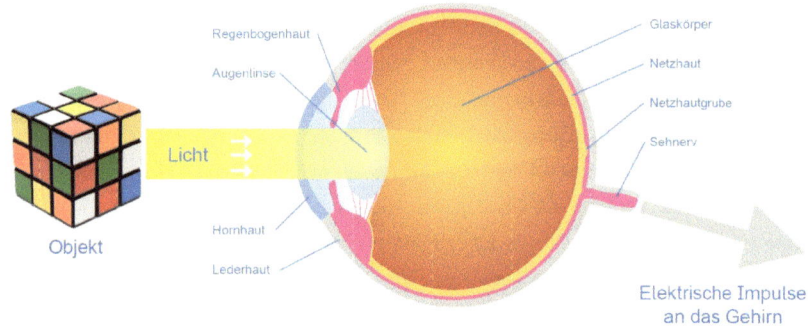

Abbildung 2: Prozess der visuellen Wahrnehmung (Eigene Abbildung)

3.1. Die räumliche Wahrnehmung des Menschen

Visuelle Wahrnehmung erfolgt durch unbewusstes Sehen. Das Sehen ist ein Wahrnehmungsprozess (Abbildung 2), der durch die Aufnahme eines Reizes, bzw. eines physikalischen Signals, im Auge stattfindet. Dieser Reiz wird auf die Netzhaut abgebildet und anschließend von den Rezeptoren der Retina, den Stäbchen und Zäpfchen, verarbeitet. Die Wahrnehmung des Reizes wird im visuellen Kortex im Gehirn fortgeführt, wo er semantisch eingeordnet und eine Reaktion abgeleitet wird. (Müsseler, 2017)

Die visuelle Wahrnehmung der Umgebung oder des Raumes passiert für die meisten Menschen automatisch und ist völlig selbstverständlich. Tatsächlich nimmt der Mensch jedoch nur einen bestimmten Ausschnitt der Umgebung, in der er sich befindet, auf und verarbeitet diese. Diesem Ausschnitt liegen bestimmte Hinweisreize als räumliche Parameter vor, die für das Aufnehmen und Verstehen verantwortlich sind. Zu diesen Parametern zählen Position, Größe, Form, Ausrichtung, Farbe, Struktur und etliche weitere Eigenschaften von Objekten im Raum. Im visuellen Kortex wird der gesamte Datensatz bestehend aus diesen Parametern verarbeitet und mit den Erfahrungswerten des Betrachters in ein semantisches Modell eingeordnet, welches letztendlich den Raumeindruck im Gehirn erzeugt. Entscheidend bei der räumlichen Wahrnehmung kann die Wahrnehmung der absoluten Entfernung zu begrenzenden Flächen, also Wände, Decken und Böden, sein. Hierfür sind zahlreiche Informationsquellen vorhanden, die unter anderem auch die Wahrnehmung der Tiefe zwischen einzelnen Objekten im Raum beeinflussen können. (Hofmann, 2002)

Abbildung 3: Dreidimensionaler Würfel, dargestellt durch Perspektive und farblichen Abstufungen (Eigene Abbildung)

3.2. Monokulares und binokulares Sehen

Der Mensch lebt in einer dreidimensionalen Welt, in der er sich bewegt, denkt und erlebt. Er nimmt Objekte oder Räume unbewusst dreidimensional wahr. Dabei ist es – wie vielleicht anders vermutet – nicht wichtig, ob mit einem Auge (**monokular, monoskopisch**) oder mit beiden Augen (**binokular, stereoskopisch**) gesehen wird. Die Betrachtung eines flachen Bildes führt unter Verwendung von Perspektiven, Farben und Texturen bereits zu einer räumlichen Wahrnehmung, wobei bestimmte visuelle Stimuli, die sogenannten monoskopischen Tiefenreize, angeregt werden (Abbildung 3). (Grasnick, 2016)

Die binokulare Raumwahrnehmung, also das Sehen eines Raumes mit beiden Augen, wird vom Augenabstand beeinflusst. Hierbei können unterschiedliche Augenabstände auch zu unterschiedlichen Raumwahrnehmungen führen. Dreidimensionales Sehen erfolgt zunächst durch das Abbilden der Information auf ein zweidimensionales, flaches Bild, welches von beiden Augen einzeln aus deren Perspektive aufgenommen wird. Das Gehirn sorgt dann dafür, dass aus den vorliegenden Informationen und Erfahrungswerten des Menschen ein 3D-Bild wahrgenommen werden kann. (Grasnick, 2016)

4. Visualisierung von Räumlichkeiten im Smart Home Bereich

Visualisierung beschäftigt sich mit der bildhaften Darstellung von Fakten und Informationen. Sie beschreibt den Prozess der Erzeugung grafischer und visueller Daten, Strukturen und Zusammenhänge, um sie den Betrachtern verständlich und kommunizierbar zu machen. Des Weiteren unterstützt sie die Analyse und das Erkennen von verborgenen Zusammenhängen durch einfache und verständliche Darstellung abstrakter Daten, Modelle und Konzepte. (Schumann & Müller, 2013)

Für Smart Homes stellt die Visualisierung einen wichtigen Bestandteil dar. Auf einfache, verständliche Art und Weise können Daten der untereinander und mit dem zentralen System vernetzten Geräten dargestellt und gesteuert werden. Sie dient dazu, den Benutzern jeglichen technischen Vorwissens komplexe Zusammenhänge darzubieten und damit Problematiken beim räumlichen und abstrakten Vorstellungsvermögen zu umgehen.

Als **Räumlichkeiten** werden ein oder mehrere Räume, bzw. Zimmer bezeichnet, die begrenzt und kategorisch voneinander zu unterscheiden sind. Der Mensch nimmt einen Raum in den meisten Fällen dreidimensional wahr. Zu Visualisierung auf einer flachen Oberfläche wie eines Tablet- oder Smartphone-Displays kann ein Raum beispielsweise durch ein einfaches Rechteck, gegebenenfalls mit einfacher geometrischer Perspektive und unterschiedlichen Helligkeitsabstufungen der Farben dargestellt werden. Vorausgesetzt ist, dass den Nutzern bereits bekannt ist, dass ein dreidimensionaler Körper auf einer zweidimensionalen Fläche einen Raum darstellen soll. Die Konvertierung eines Raumes auf eine Fläche birgt allerdings Herausforderungen. So kann es bei der Kopplung zahlreicher smarter Gadgets im Haus mit dem zentralen Smart-Home-System schnell an Übersichtlichkeit mangeln oder es werden bestimmte Bereiche überdeckt und schlecht bedienbar. Diverse Firmen bieten bereits Lösungen für die Smart Home Visualisierung an, welche zu Hause eingerichtet werden können. Bestimmte Hard- und Software-Anforderungen müssen dabei sowohl vom verwendeten System, als auch von den Benutzern in Bezug auf deren technisches Verständnis und ihren Bedürfnissen vorhanden sein. Idealerweise besitzen die Systeme die Möglichkeit zur Individualisierung für die Nutzer. Im Folgenden werden verschiedene Darstellungsmöglichkeiten eines Smart Homes anhand bestehender Paradigmen aus der Gestaltpsychologie evaluiert.

4.1. Gestaltprinzipien

Zur Wahrnehmung von Räumen kommen, wie bereits erwähnt, die sogenannten **Gestaltprinzipien** aus der Gestaltpsychologie (**Fehler! Verweisquelle konnte nicht gefunden werden.**) unterschiedlich ausgeprägt zum Einsatz. Dort wird die menschliche Wahrnehmung als Fähigkeit zur Bestimmung von sinnhaltigen Formen, bzw. Gestalten, in Sinneseindrücken bezeichnet. Diese Aufnahme unterschiedlicher Eindrücke wurde 1923 von Max Wertheimer als „Gestaltgesetze" festgehalten. Als Resultat beschreiben diese Prinzipien die Ergebnisse der Wahrnehmung von Formen, sowie ihre Beziehung zueinander und werden wie folgt unterschieden (Radtke, Pisani, & Wolters, 2013):

Prägnanz / Einfachheit

Die einfachste, einprägsamste Form wird unter verschiedenen Deutungsalternativen bevorzugt wahrgenommen.

Nähe

Näher beieinander liegende Formen werden als zusammengehörig aufgefasst.

Gleichartigkeit / Ähnlichkeit

Gleiche oder ähnliche Formen werden leichter als Einheit empfunden.

Geschlossenheit

Eine Gruppe von Formen, die durch Linien umschlossen und von anderen umliegenden Formen abgegrenzt wird, wird leichter als Einheit verstanden.

Gute Fortsetzung

Formen, die eine Linie bilden, werden leichter wahrgenommen – unabhängig davon, ob diese Linie gerade oder gekrümmt ist oder sich mit anderen Linien kreuzt.

Symmetrie / gemeinsames Schicksal

Formen, die sich gleichartig, bzw. symmetrisch verhalten oder sich in die gleiche Richtung bewegen, werden leichter wahrgenommen.

Erfahrung

Fehlende Teile einer oder mehrerer Formen werden durch Erfahrung und Bekanntheit einer bestimmten Form imaginär ergänzt und leichter erkannt.

4.2. Einsatz der Gestaltprinzipien im Smart Home

Ein Wohnraum ist bereits nach bestimmten Gestaltprinzipien unterteilt: einzelne Räume folgen dem Prinzip der Geschlossenheit, Möbel, die beieinander stehen dem Prinzip der Nähe. Eine Küche besteht meist aus mehreren Korpussen, die sich für gewöhnlich gleichen und dadurch als eine Einheit wahrgenommen werden.

Um sich auch dem Prinzip der Erfahrung und der Prägnanz zu Nutze zu machen, können vereinfachte Symbole für einen Raum, eine Raumkategorie oder eine Funktion innerhalb des Smart Homes stehen. Die meisten Wohnräume folgen demselben Prinzip: es gibt Schlafräumlichkeiten, Küchen, Bade-, Wohn-, Kinder- und Arbeitszimmer. Auch Jalousien an Fenstern, Heizung- und Warmwassersteuerung bieten sich neben Sicherheitssystemen, Unterhaltungstechnik und Energieeffizienz innerhalb eines Smart-Home-Systems zur Darstellung und Bedienung an. Somit können allgemeingültige und für alle Benutzer verständliche Symbole eingeführt werden, um die Räume für die Bedienbarkeit zu unterscheiden. Nachfolgend seien ein paar Beispiele gegeben:

Kategorie	Set 1	Set 2	Set 3
Räume			
Lampen			
Multimedia			
Temperatur			
Energie (-Effizienz)			
Verdunkelung Fenster			
Sicherheit			

Tabelle 1: Verschiedene Icons für den Smart Home Kontext (Freepik Company S.L.)

Diese Symbole (oder auch Piktogramme oder Icons) folgen den Prinzipien der Prägnanz, Ähnlichkeit und Symmetrie. Es ist auf einen Blick erkennbar, welche Symbole zueinander gehören, da sie je nach Set ähnlich gestaltet sind und einem gleichartigen Muster entsprechen. Außerdem sind sie die dargestellten Objekte stark vereinfacht visualisiert, sodass die Nutzer auch aus ihrer Erfahrung erkennen können, was genau damit gemeint ist.

Bernhard Preim und Raimund Dachselt fassen in ihrer Einführung in interaktive Systeme eine Liste von Eigenschaften aus unterschiedlichen Quellen zusammen, die bei dem Entwurf von Icons betrachtet werden sollten (Preim & Dachselt, 2010):

- Einfach und klar
- Verständlich
- Einprägsam
- Klarer Kontrast zum Hintergrund (ggf. mit eigener Hintergrundfarbe)
- Leicht unterscheidbar
- Im selektierten Zustand von den anderen Icons im Kontext abgehoben

4.3. Usability und User Experience

Um auf die Nutzer interessant zu wirken und auf sich aufmerksam zu machen, können die oben genannten Gestaltprinzipien gezielt verletzt werden. Alle Prinzipien sollten sich allerdings auf einen Zweck ausrichten: die Bedürfnisse der Nutzer zu erfüllen. Erst dann sind Bedienbarkeit, bzw. Gebrauchstauglichkeit (**Usability**) und Nutzererlebnis (**User Experience**) erfüllt. Nach Hassenzahl (Hassenzahl, 2003) wird die User Experience nach pragmatischer und hedonischer Qualität gemessen (Abbildung 4). Pragmatische Qualitätsaspekte dienen der Bewertung der Usability nach Effektivität und Effizienz eines Produkts bei der Erledigung gewisser Aufgaben für die Benutzer und ob es von diesen auch als nützliches Produkt wahrgenommen wird. Die hedonische Qualität beruht auf menschlichen Bedürfnissen und geht über die reine Nützlichkeit hinaus. Ob das Produkt die Nutzer auf emotionale und ästhetische Weise stimuliert, spielt hierbei eine wichtige Rolle. Erst wenn diese Eigenschaften erfüllt sind, sind die Nutzer zufrieden und entscheiden sich dazu, das Produkt weiterhin zu benutzen.

Bei der Verwendung einer grafischen Oberfläche für ein Smart-Home-System müssen diese Werte erfüllt sein. Das Motiv zur Nutzung der interaktiven Oberfläche geht zunächst aus einem menschlichen Bedürfnis (z.B. Kontrolle der Stromversorgung zuhause) hervor, sowie auch aus einem rein ästhetischen Grund (z.B. schöne Grafiken). Zur Sicherstellung der weiteren Nutzung des Produkts muss es gleichbleibend verlässlich und motivierend sein. Aktualität, *Gamification* und Integrierung in soziale Netzwerke führen zu einer emotionalen Bindung der Nutzer zur Technologie und versprechen dadurch eine dauerhafte Nutzung.

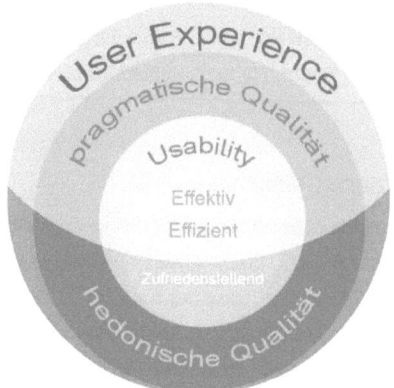

Abbildung 4: Der Zusammenhang zwischen User Experience und Usability (Eigene Abbildung) (Hassenzahl, 2003)

5. Möglichkeiten zur Visualisierung eines User Interfaces

Benutzerschnittstellen (**User Interfaces**) durchlebten in den letzten Jahren eine Revolution. Es geht nicht mehr rein um Mausklicks, Tippen auf der Tastatur und am Scroll-Rädchen drehen. Die modernen Geräte wie Smartphones, Tablets, Smartwatches, etc. erfordern eine Vielzahl von Gestiken und Mimik, die von den Nutzern abverlangt werden und weit über die klassischen Eingabegeräte hinaus reichen. Portable Devices müssen damit etlichen Herausforderungen gewachsen sein, wie geringem Gewicht und autonomer Energieversorgung, die überhaupt erst zur Portabilität der Geräte führen. Daneben müssen Informationen auf kleinen Darstellungsflächen abgebildet werden können, sowie für begrenzte Eingabemöglichkeiten vorgesorgt sein. Die Bedienbarkeit sollte darüber hinaus unabhängig von den Licht- und Lärmbedingungen der Umgebung und komplementär und/oder parallel zu regulären Tätigkeiten gewährleistet bleiben. Ziel der Entwicklung von User Interfaces ist es, gebrauchstaugliche Benutzerschnittstellen für die breite Masse bereitzustellen.

Im Smart-Home-Bereich kommen daher **räumliche Benutzerschnittstellen** zum Einsatz. Diese stellen den Versuch dar, technische Funktionen, die bisher nur am Computer oder anderen Endgeräten ausgeführt werden konnten, in die physische Welt zu integrieren. Die meisten klassischen Benutzerschnittstellen zwischen Mensch und Maschine, wie die Texteingabe mit der Tastatur, Lesen am Monitor, Surfen im Browser, usw. finden zweidimensional statt. Daher ist es besonders herausfordernd, Schnittstellen in die wirkliche, dreidimensionale Welt zu integrieren, damit diese die menschliche Fähigkeit zur räumlichen

Wahrnehmung und Orientierung ausnutzen und unterstützen können. Besonders interessant sind dabei mobile Benutzerschnittstellen, die im Raum bewegt und zur Interaktion beitragen. Die Nutzer agieren sowohl im Raum, als auch mit ihm. Der Raum wird dadurch selbst zur Schnittstelle. (Krüger, 2014)

5.1. Schnittstelle Mensch-Maschine

Seit den 1960er Jahren, als das Sketchpad zum Zeichnen von Objekten eingesetzt wurde, wurden Schnittstellen für die Mensch-Maschine-Kommunikation stetig weiterentwickelt. Auch die Anfänge der 3D-Grafiken gehen auf diese Zeit zurück.

Besonders um das Jahr 2000 herum nahm die Bedeutung von User Experience und User Interface Design durch das Streben nach gesundheitsfördernden Arbeitsplätzen und Zufriedenheit der Mitarbeiter zu (Preim & Dachselt, 2015).

Die Entwicklung der Benutzerschnittstellen passte sich im Lauf der Zeit immer rasanter und fortschrittlicher an die Bedürfnisse der Menschen an. Ziel davon ist es, die Bedienung von Computern intuitiver und einfacher zu gestalten. Generell wird zwischen den folgenden Benutzerschnittstellen unterschieden:

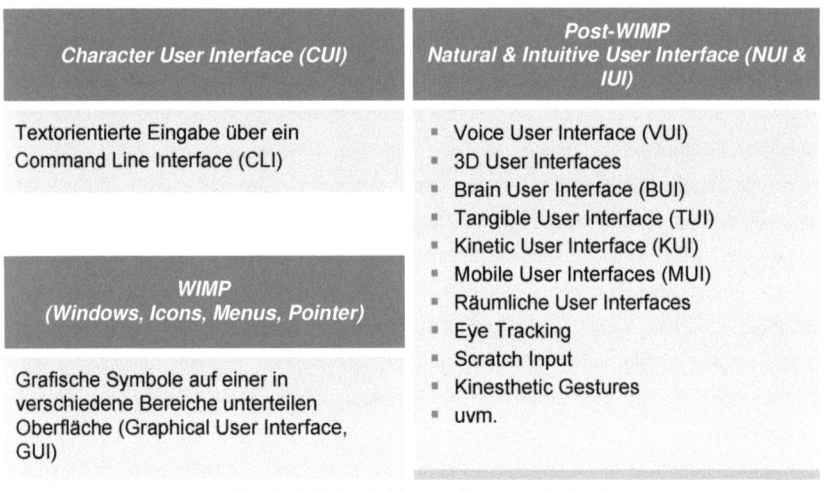

Tabelle 2: Unterscheidung der Benutzerschnittstellen

Nach Krauß (Krauß, 2003) unterscheidet man zwischen zwei Arten von Eingabegeräten für die Manipulation grafischer Benutzerschnittstellen (GUI), den **koordinatengebenden** und den **nicht-koordinatengebenden** Schnittstellen. Diese Schnittstellen werden via Interaktionsgeräte bedient, welche den Informationsaustausch zwischen Benutzer und Maschine ermöglichen.

Koordinatengebende Eingabegeräte

Koordinatengebende Interaktionsgeräte können bestimmte **Zeigeinstrumente** sein, die sich in ein-, zwei- oder mehrdimensional wirkende Schnittstellen unterteilen lassen. Diese werden wiederrum nach dem Verhältnis der Lage von Aktionsort zu Wirkort in indirekt und direkt wirkende Eingabegeräte unterschieden. Die Ortsbestimmung auf einer zweidimensionalen Oberfläche erfolgt beispielsweise über die x- und y-Koordinaten. Eine Interaktion erfolgt durch die Eingabe mittels Zeigen auf ein bestimmtes Objekt und die unmittelbare Rückmeldung in Folge der Manipulation der grafischen Oberfläche. Zeigegeräte lösten durch die vermehrte Verwendung grafischer Benutzeroberflächen immer mehr die reine Nutzung nicht-koordinatengebender Geräte ab. Das berühmteste Beispiel ist die Computermaus. Mittlerweile ergänzt allerdings auch der Touchscreen durch Gestenerkennung die koordinatengebende Eingabe.

Nicht-koordinatengebende Eingabegeräte

In Umgebungen, wo die Verwendung eines Zeigegerätes schwierig, besonders umständlich oder sogar unmöglich ist, erweisen sich nicht-koordinatengebende Benutzerschnittstellen als sinnvoll. Sie lassen sich in Tasten, Sprach- und Gestenerkennung unterteilen. Gerade die sprachbasierte Interaktion nahm in den letzten Jahren durch Sprachassistenten wie Alexa und Siri weitgehend zu. Sie unterstützen die natürliche, intuitive und barrierefreie Bedienung von technischen Geräten.

Ergänzend zu den nicht-koordinatengebenden Eingabegeräten nehmen die sogenannten **Post-WIMP UIs**, auch natürliche oder intuitive Benutzerschnittstellen genannt, ab den 1990er Jahren eine vielversprechende Rolle ein. Auf der Basis von *Windows, Icons, Menus, Pointer* (WIMP) wurden Schnittstellen, die nicht mehr auf der klassischen, zeigerorientierten Interaktion auf zweidimensionalen Oberflächen basieren, entwickelt. Dabei kommen Sprach- und Gestenerkennung, sowie **Multimodalität** und parallele Ein- und Ausgabeströme zum Einsatz. Neben taktiler Interaktion mit greifbaren physischen Objekten (**Tangible User Interfaces**), Verfolgung der Blickrichtung (Eye Tracking) und Messung von Gehirnströmen mittels elektrischer Signale (Brain User Interfaces) dienen mittlerweile zahllose weitere innovative Benutzerschnittstellen der Kommunikation zwischen Mensch und Maschine. (Preim & Dachselt, 2015)

Weitere Beispiele seien in Tabelle 2 genannt, werden jedoch erst in den nächsten Kapiteln evaluiert.

5.2. Stereodisplays

Möglichkeiten zur Interaktion mit dem Raum über räumliche Benutzerschnittstellen sind **stereoskopische und autostereoskopische Displays**. Dabei wird das binokulare Sehen des Menschen genutzt und ein Bild sowohl für das linke, als auch für das rechte Auge aufgenommen und gerendert. Stereoskopische Displays setzen Hilfsmittel voraus, wie beispielsweise 3D-Brillen (Anaglyphenbrillen), Polarisationsfilterbrillen, Shutterbrillen oder VR-Brillen. *Auto*stereoskopische Displays hingegen sind unabhängig von Brillen und können völlig ohne Hilfsmittel benutzt werden. Bei der Autostereoskopie wird versucht, eine perfekte Raumillusion zu erzeugen, die sich nicht von der wahrgenommenen, realen Umgebung unterscheidet. Alle Hinweisreize und Informationen der realen Szene, die für den Raumeindruck zuständig sind, müssen durch das visuelle System korrekt ausgewertet und verarbeitet werden (Grasnick, 2016). Gerade im Smart Home könnte es für die Benutzer stark einschränkend sein, ständig eine Brille tragen zu müssen, wenn mit dem System interagiert werden muss. Stereoskopische Displays eignen sich daher weniger zum alltäglichen Gebrauch als autostereoskopische Displays.

Weitere Möglichkeiten bieten sich bei dreidimensionalen Displays, wie Volumen-, Sphären- und holografischen Displays. Dreidimensionale Information wird bei diesen im dreidimensionalen Raum dargestellt. Statt Pixel werden **Voxel** verwendet. Diese Technik findet unter anderem bereits in der Medizin Anwendung.

Wie könnte diese Technik in ein smartes Zuhause integriert werden? Betrachtet man Studien zum Kaufverhalten der Deutschen während der Weihnachtszeit, fällt auf, dass der Absatz für Weihnachtsbäume jährlich ansteigt und im Jahr 2018 etwa 29,8 Millionen Weihnachtsbäume verkauft werden (Hauptverband der Deutschen Holzindustrie e.V., 2018). Auch die Ausgabebereitschaft für Weihnachtsdekoration beträgt bei 23% der Befragten über 70 Euro, was eine beträchtliche Summe darstellt, die jährlich über die Ladentheke wandert (Statista, & QVC, 2017). Zukünftig könnte Dekoration für den Innenwohnbereich holografisch dargestellt werden. Die Nutzer würden sich auf längere Sicht gesehen nicht nur Geld, sondern auch Platz zur Aufbewahrung der saisonalen Dekorationsartikel und Aufwand bei der Anbringung und Entsorgung sparen. Damit dies allerdings tatsächlich realisierbar werden kann, muss sichergestellt werden, dass den Nutzern keine weiteren Nachteile entstünden. Die Energieversorgung der Displaygeräte sollte stromsparend und die Bildgebung nicht von der realen Welt unterscheidbar sein. Die Bedienung müsste insoweit in die Umgebung der Benutzer integriert werden, dass diese nicht merken, wenn sie Befehle an das System abgeben. Unterstützend dabei können sogenannte Agenten in einer eingebetteten virtuellen Realität sein, worauf weiter unten noch eingegangen wird.

5.3. Multimodalität mit Tangible User Interfaces

In der Mensch-Maschine-Interaktion spielt die **Multimodalität** eine wichtige Rolle, da Menschen auch in alltäglichen Situationen die koordinierte Nutzung mehrerer Kanäle gleichzeitig beherrschen. Eine multimodale Eingabe kann beispielsweise durch eine Spracheingabe kombiniert mit der Bedienung eines Touchscreens erfolgen. Multimodale Ausgaben können akustische Signale, haptische Feedbacks und Veränderungen der grafischen Benutzeroberfläche bedeuten. (Preim & Dachselt, 2010)

In der dreidimensionalen Interaktion mit holografischen oder ähnlichen Displays im Smart Home Bereich ist es durchaus vorstellbar, mittels festgelegter Gesten einen bestimmten Bereich der 3D-Oberfläche, bzw. bestimmte 3D-Objekte zu selektieren und dem System anschließend Befehle, die diese Selektion betreffen, mündlich mitzuteilen. Schwierigkeiten könnte es allerdings bei der Positionierung der Hände im freien Raum geben, wenn keine haptische Wahrnehmung während der Bedienung erfolgt und sich Bewegungen möglicherweise im Nichts verlieren könnten. **Post-WIMP UIs** bedienen sich dagegen der Eigenschaften der Multimodalität verknüpft mit greifbaren physischen Objekten, die im dreidimensionalen Raum bewegt werden können. Diese taktilen Schnittstellen werden **Tangible User Interfaces (TUIs)** genannt und bestehen aus realen Gegenständen, die je nach Position, Farbe, Form, Größe, Muster, etc. unterschiedliche Veränderungen in Ein- und Ausgabe bewirken können (Preim & Dachselt, 2015). Die Benutzer bedienen das TUI durch Einfügen, Greifen, Bewegen der Objekte auf der Oberfläche. Abbildung 1 zeigt, wie die Interaktion mit unterschiedlichen physischen Steinen auf einer GUI möglich ist:

Abbildung 5: Tangible User Interface (Alchetron, 2018)

In dieser Abbildung ist zu sehen, dass das Display direkt die Position der Steine (**Tangibles**) anzeigt. Es empfängt also die Informationen, die von den Objekten ausgesandt werden und gibt entsprechendes visuelles Feedback zurück. Nachteilig daran ist, dass dieses Display eine bestimmte Größe besitzt und sich nicht beliebig im Raum an unterschiedliche Anwendungssituationen anpassen lässt. Sogenannte **projektive** Lösungen sind dagegen in der Lage, die Wirklichkeit dahingehend zu überlagern, sodass jede Oberfläche zu einem Display werden kann. Diese reichen von sehr kleinen Picoprojektoren (Abbildung 6), die beispielsweise in Smartphones integriert sind, bis zu größeren Projektoren, die ganze Räume ausleuchten. Damit wäre das Problem der speziellen, statischen Displays gelöst und es wäre möglich, den gesamten Wohnraum eines Smart Homes in eine Benutzerschnittstelle zu verwandeln.

Im Hinblick auf den aktuellen Stand der Forschung wäre es in Zukunft auch möglich, Tangibles durch „gewöhnliche" Alltagsgegenstände zu ersetzen. Smarte Gadgets, die sich selbstständig mit dem Internet of Things vernetzen können, sind bereits keine Zukunft mehr und finden sich in vielen Haushalten wieder. Die Funktionen dieser Geräte könnten genutzt werden, um sie in ein projiziertes TUI zu integrieren. Damit müssen keine speziellen Tangibles entwickelt, bzw. angeschafft werden. (Preim & Dachselt, 2015)

Abbildung 6: Picoprojektor für das Smartphone (Greif, 2015)

5.4. Agenten

Eine Mensch-Maschine-Schnittstelle ist entweder dann optimal, wenn der Mensch die Bedienung beherrscht oder die Schnittstelle ihn soweit unterstützt, dass die Aufgaben korrekt an die Maschine weitergegeben werden können. Im letzteren Fall kommen **agentenbasierte Systeme** zum Einsatz. Die Nutzer agieren nicht direkt mit dem Gerät, sondern delegieren Aufgaben an das System, wenn sie diese Aufgabe nicht vollends beherrschen oder mit anderen Dingen beschäftigt oder abgelenkt sind. Der Agent handelt daraufhin eigenständig, um die Aufgabe zu erfüllen. Der wohl älteste und bekannteste Agent ist Karl Klammer von Microsoft, welcher allerdings nicht über eine besonders ausgeprägte künstliche Intelligenz verfügt. Neuere Agenten sind zum Beispiel Navigations- und Infotainmentsysteme im Auto. Die Fahrgäste möchten ein bestimmtes Ziel erreichen und geben dieses per Sprach- oder Texteingabe an den Agenten weiter. Dieser berechnet ausgehend vom derzeitigen Standort und der aktuellen Verkehrslage die passende Route inklusive Fahrtzeit und Entfernung und führt die Benutzer durch integrierte Sprachausgabe in Echtzeit an das Ziel. Mittlerweile ist die Technik so weit fortgeschritten, dass die Musik im Auto während den Sprachausgaben leiser wird. Das gesamte Infotainmentsystem passt sich also völlig selbstständig der Umgebung an und begünstigt den Komfort der Nutzer.

Es werden zwei Interaktionsmodelle zur Unterstützung eines agentenbasierten Systems unterschieden (Preim & Dachselt, 2010):

Benutzermodelle

Auch im Web gibt es Agentensysteme. Ein Onlineshop erhält dafür ein sogenanntes Benutzermodell, welches die aktuellen Benutzer repräsentieren soll. Basierend auf den zuvor gekauften Waren werden auf der Website ähnliche oder von anderen Kunden gekaufte Artikel vorgeschlagen und beworben.

Aufgabenmodelle

Wichtige, komplexe Aufgaben werden durch ein Aufgabenmodell repräsentiert. Ausgehend von bisherigen Interaktionen der Nutzer werden Vorschläge zum weiteren Vorgehen gegeben.

Im Smart Home kann eine Reihe nützlicher Agentensysteme sinnvoll sein, welche die bisher genannten Benutzerschnittstellen, wie Brain User Interfaces, Voice User Interfaces oder Tangible User Interfaces als Eingabegeräte nutzen, um selbstständig das Beste aus dem Zuhause herauszuholen und die Benutzer bei ihren alltäglichen Situationen zu unterstützen. Zum Beispiel wäre es – vergleichbar mit dem Infotainmentsystem im Auto – sinnvoll, bei einem ein- oder ausgehenden Anruf über das Smartphone die Lautstärke der Multimediageräte entsprechend zu verringern oder die aktuelle Sendung auf dem Smart TV zu unterbrechen. Auch könnten sich Wecker nach den Gehirnströmen der Bewohner richten, um diese im richtigen Moment zu wecken, um die REM-Phase nicht abrupt zu unterbrechen. Jalousien oder Lampen könnten daraufhin langsam einen gesunden Weckvorgang einleiten, indem sie nach und nach für Helligkeit im Raum sorgen. Weisen sie die Nutzer beispielsweise auf ein geöffnetes Fenster, eine vergessene Herdplatte oder einen tropfenden Wasserhahn hin, können Agenten nicht nur die Fehler der Benutzer vermeiden, sondern auch zu erhöhter Sicherheit und Energieeffizienz im Haus sorgen. Das alles entfernt sich allerdings vom Grundgedanken der Visualisierung, denn die Möglichkeiten zur Umsetzung eines adaptiven Agentensystems im Smart Home sind grenzenlos. Nach einer Studie von 2018 wünschen sich allerdings die meisten Nutzer von Smart-Home-Funktionen die manuelle Bedienung per App auf dem Smartphone. Die Nutzung über einen Sprachassistenten ist dagegen weniger beliebt. (Deloitte, 2018) Aus psychologischer Sicht dient der Wohnraum als Schutz des Menschen. Vermutlich gaben daher ganze 22% der Befragten aus einer Studie von 2017 (Wisser, 2018) an, durch Smart Homes einen **Kontrollverlust** zu befürchten. Weitere 47% der Befragten einer Umfrage von 2014 kritisierten den **Verlust der Eigenständigkeit** und die Abnahme des **selbstständigen Denkens**.

5.5. Barrierefreiheit und Ambient Assisted Living

Nicht alle Menschen können von der Technologie der autostereoskopischen Displays, Spracheingabe oder Multimodalität Gebrauch machen. Für diese Fälle kommt die barrierefreie Gestaltung zum Einsatz, die einer möglichst breiten Masse an Benutzern den Zugang zur Technik ermöglichen möchte. Zu berücksichtigen sind insbesondere Einschränkungen bezüglich Sprache, Sehvermögen und Feinmotorik. (Preim & Dachselt, 2010)

Betrachtet man eine zweidimensionale grafische Oberfläche im Hinblick auf die eben genannten möglichen Einschränkungen, so kann dieses auf die Bedürfnisse der Menschen entsprechend durch Redundanz angepasst werden. Große, einfarbige Icons, die einen Text unterstützen sollen, sowie eine einfache, nicht allzu komplexe und leicht erlernbare Bedienung können Hindernisse bei Sehvermögen, Farbsehstörungen und Feinmotorik überwinden. Die Icons aus Set 2 und Set 3 in **Tabelle 1** eignen sich hierfür im Vergleich zu Set 1 nur bedingt, da sie viele Farben und Helligkeitsabstufungen besitzen und für beeinträchtigte Personen eher schwierig zu interpretieren sind. Einfache und klar verständliche Icons mit hohem Kontrast zum Hintergrund, sowie Farben, die beispielsweise trotz einer Rot-Grün-Schwäche differenziert werden können, eignen sich dafür deutlich besser. Ein Sprachagent, der die Funktionen in einfacher Sprache aufzählt und die Nutzer bei der Auswahl dieser Funktionen entsprechend unterstützt, kann ebenfalls bei Sehbeeinträchtigungen und/oder Sprachproblemen hilfreich sein und ergänzt die manuelle Bedienung.

Ambient Assisted Living (AAL) bedeutet so viel wie altersgerechte Assistenzsysteme für ein gesundes und unabhängiges Leben. AAL umfasst Konzepte, Produkte und Dienstleistungen zur Verbesserung der Lebensqualität von Seniorinnen und Senioren und Menschen mit körperlichen Beeinträchtigungen im Alltag einer immer älter werdenden Gesellschaft. (Stralau Ventures GmbH, 2016)

Das AAL erweitert das Konzept des Smart Homes um Anwendungen für pflegebedürftige Menschen. Es soll alltägliche Abläufe im Haushalt vereinfachen, automatisieren und die Menschen bei Aufgaben unterstützen, die sie nicht mehr einfach selbst verrichten können. Beispielsweise kann das AAL Medikamente beschaffen, die Nutzer an die Einnahme erinnern, Einkäufe organisieren oder die Telekommunikation mit Angehörigen oder Pflegepersonal verbessern (Backs, 2017). Ein erfolgreich genutztes AAL-Assistenzsystem ist das Hausnotrufsystem, bei welchem die pflegebedürftige Person mit einem Notrufsender ausgestattet wird und per Knopfdruck ausgelöst werden kann (Stralau Ventures GmbH, 2016). Beispiele für **AAL Anwendungen** seien in Abbildung 7 genannt.

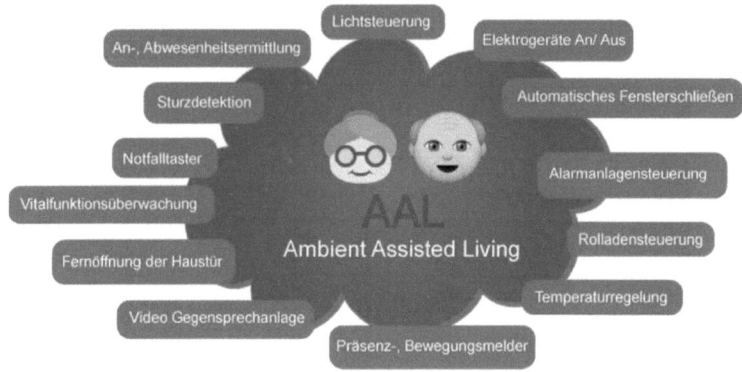

Abbildung 7: Praktische Beispiele für AAL Anwendungen (Backs, 2017)

Ein klarer Vorteil für AAL ist die Entlastung des Pflegepersonals, da eine steigende Lebenserwartung und der damit verbundene Pflegekräftemangel in Zukunft problematisch werden könnte. Allerdings setzt es sich derzeit nicht besonders gut am Markt durch, da es noch mit anfangs hohen Kosten und der Angst vor Maschinenkontrolle verbunden ist. Des Weiteren fehlt derzeit noch die benötigte Förderung des deutschen Gesundheitssystems und das Vertrauen in die Technik, da sie leicht ausgetrickst werden kann. (UKV - Union Krankenversicherung, 2018)

5.6. Embedded Virtuality

Mark Weiser lieferte im Jahr 1991 einen Gegenansatz für grafische Interfaces und nannte es *„Ubiquitous Computing"* oder auch *„Embodied Virtuality"* als Gegensatz zur Virtual Reality (Weiser, 1991). In dieser Vision fügen sich Computer nahtlos in das alltägliche Leben ein und lassen sich kaum von der Wirklichkeit unterscheiden. Die potenziellen Benutzer merken nicht, dass sie überhaupt mit dem System interagieren. **Embedded Virtuality** soll diese

Vision der eingebetteten digitalen Daten und Informationen in die Wirklichkeit beschreiben. Auch die Idee des Ambient Assisted Living aus dem vorherigen Kapitel kommt im Prinzip ohne grafische Benutzeroberflächen und visuelle Schnittstellen aus. Dagegen erfüllen Tangible User Interfaces nur einen Teil von Weisers Vision des Ubiquitous Computing, da sie von physischen Objekten Gebrauch machen, die auch als solche durch entsprechende haptische, akustische oder visuelle Feedbacks gekennzeichnet sind.

Eine weitere Vision von Hiroshi Ishii und Brygg Ullmer führt an Stelle der virtuellen Bits auf grafischen Benutzerschnittstellen sogenannte **Tangible Bits** ein. Diese zeichnen sich neben den bereits bekannten Eigenschaften von Tangibles dadurch aus, dass sie im Hintergrund wahrnehmbar sein können. Somit wäre es möglich, ambiente Medien wie Licht, Klang, Luftbewegung oder Wasser mit digitalen Informationen auszustatten. Auch amorphe, weiche oder organische Materialien ohne eine feste Form wie Sand oder Granulat sollen nach Ishiis Vision als *Continuous Tangible Interfaces* zukünftig eingesetzt werden. (Preim & Dachselt, 2015)

„The most profound technologies are those that disappear."
- Mark Weiser

6. Fazit und Ausblick

In dieser Arbeit führte die Reise von den Grundlagen der visuellen räumlichen Wahrnehmung über klassische Oberflächengestaltungen mit Icons und koordinatengebenden Eingabegeräten, sowie taktilen Benutzerschnittstellen bis hin zu agentenbasierten, eingebetteten Lösungen für Smart Home Systeme. Diese unterschiedlichen Sichten auf die Möglichkeiten der Interface-Gestaltung dienten der Evaluation der grafischen Visualisierung von Benutzerschnittstellen für die Heimautomatisierung. Die verschiedenen räumlichen Benutzerschnittstellen, Stereodisplays sowie multimodale, taktile und barrierefreie Interfaces wurden agentengestützten, Ambient Assisted Living und Embedded Virtuality Systemen, die ohne eine grafische Oberfläche auskommen, gegenübergestellt. Potenzielle Benutzer der smarten Heimautomatisierung sollten mit den Möglichkeiten der Bedienung von Smart Home Systemen nicht überfordert werden. Es ist daher immens wichtig, den Nutzern nicht die volle Kontrolle zu entziehen oder ihnen zumindest nicht unbeabsichtigt das Gefühl eines Kontrollverlusts zu vermitteln. Sie sollten ausreichend in alle möglichen Funktionalitäten einbezogen werden und selbst entscheiden, wobei und in welchem Ausmaß sie unterstützt werden möchten. Dabei ist ein grafisches User Interface unerlässlich, um dort die gesamten Einstellungen und das Verhalten der Heimautomatisierung entsprechend zu verwalten.

Es bleibt also weiterhin sinnvoll, den Benutzern alles wichtige auf einen Blick, rund um die Uhr auf einer sichtbaren Oberfläche anzuzeigen, damit diese alles in und um ihren wohl behüteten Wohnraum überprüfen, kontrollieren und sicherstellen können (Abbildung 8).

Abbildung 8: Grafische Benutzeroberfläche eines Smart Home Systems (Deloitte, 2018)

Im Rahmen dieser Arbeit hat sich eine für das smarte Zuhause durchaus ansprechende Zwischenlösung in Form der **Tangible User Interfaces** herauskristallisiert. Benutzer bekommen sowohl visuelles wie auch haptisches und akustisches Feedback, und können daneben durch reale Objekte Befehle an das System leiten. Das Stichwort hierfür lautet Verschmelzung der Wirklichkeit mit der Virtualität oder auch **Embedded Virtuality**.

Die grafische Visualisierung ist eine Sache, wogegen die Zukunft uns weit darüber hinaus durch den Einsatz ubiquitärer Informationssysteme neue Möglichkeiten bescheren könnte. Besonders der Pflegesektor nimmt in den nächsten Jahrzehnten aufgrund der steigenden Lebenserwartung und durchschnittlich älter werdenden Bevölkerung in Deutschland stark an Bedeutung zu. **Tangible Bits**, die digitale Informationen in allen erdenklich möglichen Alltagsgegenständen bis hin zu feinsten Partikeln bereithalten, könnten bald ein nicht mehr wegzudenkender Bestandteil unseres intelligenten Zuhauses werden.

Die Frage nach Marktwert der Tangible Bits und deren Akzeptanz bei der breiten Bevölkerung ist allerdings noch nicht geklärt. Auch mögliche Anwendungsfälle im Smart Home können im Hinblick darauf beinahe grenzenlos erscheinen, obwohl es derzeit wenig sinnvoll erscheint, unser Badewasser mit digitalen Informationen oder jedes Staubkorn mit smartem Eigenleben zu bestücken. Die Angst vor ständiger Überwachung ist derzeit noch viel zu präsent.

7. Literaturverzeichnis

Alchetron. (24. Februar 2018). *Tangible user interface*. Von Alchetron: https://alchetron.com/Tangible-user-interface abgerufen

Backs, S. (2017). *TALK GmbH - Sicherheits- & Netzwerktechnik*. Von Altersgerechte Assistenzsysteme für ein selbstbestimmtes Leben: https://www.talk-gmbh.de/news_42.html abgerufen

Chew, D. (2018). *The Wireless Internet of Things: A Guide to the Lower Layers*. Hoboken, New Jersey: John Wiley & Sons.

Coqon. (Februar 2017). *Statista - Das Statistik-Portal*. Abgerufen am 02. Januar 2019 von Für welche Bereiche können Sie sich vorstellen, in Smart Home-Lösungen zu investieren?: https://de.statista.com/statistik/daten/studie/581269/umfrage/investitionsinteresse-an-smart-home-loesungen-in-deutschland-nach-geschlecht/

Deloitte. (2018). *Deloitte Smart Home Studie 2018*. Abgerufen am 26. Januar 2019 von Deloitte.: https://www2.deloitte.com/content/dam/Deloitte/de/Documents/technology-media-telecommunications/Deloitte_TMT_Smart_Home_Studie_18.pdf

Freepik Company S.L. (kein Datum). *Flaticon*. Abgerufen am 20. Januar 2019 von designed by Freepik from Flaticon: https://www.flaticon.com/

GDV. (2016). *Gesamtverband der Deutschen Versicherungswirtschaft e.V.* Abgerufen am 02. Januar 2019 von Einbruch-Report 2016 der deutschen Versicherungswirtschaft: https://www.gdv.de/resource/blob/9468/94bb2c3384030526400f050971d829ba/download--pdf--140021594-data.pdf

Grasnick, A. (2016). *3D ohne 3D-Brille - Handbuch der Autostereoskopie*. Berlin, Heidelberg: Springer-Verlag.

Greif, B. (14. Oktober 2015). *Aiptek bietet Pico-Projektor für iPhone 6 und 6S an*. Von ZGNet: https://www.zdnet.de/88249172/aiptek-bietet-pico-projektor-fuer-iphone-6-und-6s-an abgerufen

Hassenzahl, M. (2003). The Thing and I: Understanding the Relationship Between User and Product. (M. A. Blythe, Hrsg.) *Funology. From usability to enjoyment*, S. 31-42.

Hauptverband der Deutschen Holzindustrie e.V. (Dezember 2018). *Absatz von Weihnachtsbäumen in Deutschland in den Jahren 2000 bis 2018 (in Millionen Stück)*. Abgerufen am 18. Januar 2019 von Statista - Das Statistik-Portal: https://de.statista.com/statistik/daten/studie/372294/umfrage/absatz-von-weihnachtsbaeumen-in-deutschland/

Hofmann, J. (2002). *Raumwahrnehmung in virtuellen Umgebungen*. Wiesbaden: Deutscher Universitäts-Verlag GmbH.

Krauß, L. (2003). *Entwicklung und Evaluation einer Methodik zur Untersuchung von Interaktionsgeräten für Maschinen- und Prozessbediensysteme mit grafischen Benutzungsoberflächen*. Heidelberg: Lehrstuhl für Produktionsautomatisierung, Universität Kaiserslautern.

Krüger, A. (18. Juni 2014). Räumliche Benutzerschnittstellen. *Informatik Spektrum*(37), S. 423-427.

McCarthy, J. (12. November 2007). *What is artificial intelligence?* Abgerufen am 28. Juni 2018 von John McCarthy's Home Page: http://www-formal.stanford.edu/jmc/whatisai.pdf

Müsseler, J. (2017). Visuelle Informationsverarbeitung. In J. Müsseler, & M. Rieger, *Allgemeine Psychologie* (S. 13-49). Berlin, Heidelberg: Springer.

Preim, B., & Dachselt, R. (2010). *Interaktive Systeme: Band 1: Grundlagen, Graphical User Interfaces, Informationsvisualisierung.* Berlin, Heidelberg: Springer-Verlag.

Preim, B., & Dachselt, R. (2015). *Interaktive Systeme: Band 2: User Interface Engineering, 3D-Interaktion, Natural User Interfaces.* Berlin, Heidelberg: Springer-Verlag.

Radtke, S. P., Pisani, P., & Wolters, W. (2013). *Handbuch visuelle Mediengestaltung: visuelle Sprache, Grundlagen der Gestaltung, Konzeption digitaler Medien, Skills für Berufsanfänger.* Berlin: Cornelsen.

Schumann, H., & Müller, W. (2013). *Visualisierung: Grundlagen und allgemeine Methoden.* Berlin, Heidelberg: Springer-Verlag.

SPLENDID RESEARCH. (Juni 2017). *Statista - Das Statistik-Portal.* Abgerufen am 02. Januar 2019 von Welche der folgenden Anwendungen aus dem Smart Home-Bereich nutzen Sie aktuell?: https://de.statista.com/statistik/daten/studie/756909/umfrage/aktuelle-nutzung-von-smart-home-anwendungen-nach-kategorie-in-deutschland/

Statista, & QVC. (Oktober 2017). *Wie viel planen Sie für Weihnachtsdekoration dieses Jahr auszugeben? Bitte schließen Sie Adventskränze und Weihnachtsbäume hier nicht mit ein. Wenn Sie es nicht genau wissen, schätzen Sie bitte.* Abgerufen am 18. Januar 2019 von Statista - Das Statistik-Portal: https://de.statista.com/prognosen/778034/umfrage-in-deutschland-zur-ausgabebereitschaft-fuer-weihnachtsdekoration

Stralau Ventures GmbH. (2016). *Technik die unser Leben vereinfacht.* Von Ambient Assisted Living Deutschland: http://www.aal-deutschland.de abgerufen

UKV - Union Krankenversicherung. (27. Juni 2018). *Pflege 4.0: Ambient Assisted Living.* Von Handelsblatt Seniorenratgeber: http://seniorenratgeber.handelsblatt.com/2018/06/27/pflege-4-0-ambient-assisted-living abgerufen

Weiser, M. (September 1991). The Computer for the 21st Century. *Scientific American, 256/3*, S. 94-104.

Wisser, K. (2018). *Gebäudeautomation in Wohngebäuden (Smart Home): Eine Analyse der Akzeptanz.* Berlin, Heidelberg: Springer-Verlag.

8. Abbildungsverzeichnis

Abbildung 1: Internet of Things (Eigene Abbildung) 5

Abbildung 2: Prozess der visuellen Wahrnehmung (Eigene Abbildung) 6

Abbildung 3: Dreidimensionaler Würfel, dargestellt durch Perspektive und farblichen Abstufungen (Eigene Abbildung) 7

Abbildung 4: Der Zusammenhang zwischen User Experience und Usability (Eigene Abbildung) (Hassenzahl, 2003) 13

Abbildung 5: Tangible User Interface (Alchetron, 2018) 17

Abbildung 6: Picoprojektor für das Smartphone (Greif, 2015) 18

Abbildung 7: Praktische Beispiele für AAL Anwendungen (Backs, 2017) 21

Abbildung 8: Grafische Benutzeroberfläche eines Smart Home Systems (Deloitte, 2018) 23

BEI GRIN MACHT SICH IHR WISSEN BEZAHLT

- Wir veröffentlichen Ihre Hausarbeit, Bachelor- und Masterarbeit

- Ihr eigenes eBook und Buch - weltweit in allen wichtigen Shops

- Verdienen Sie an jedem Verkauf

Jetzt bei www.GRIN.com hochladen und kostenlos publizieren